¿Qué tiempo hace?

Hace viento

Kristin Boerger

**Consultora de lectura: Susan Nations, M. Ed., autora/tutora
de alfabetización/consultora de desarrollo de la lectura**

Please visit our web site at: www.garethstevens.com
For a free color catalog describing Weekly Reader® Early Learning Library's list
of high-quality books, call 1-877-445-5824 (USA) or 1-800-387-3178 (Canada).
Weekly Reader® Early Learning Library's fax: (414) 336-0164.

Library of Congress Cataloging-in-Publication Data

Boerger, Kristin.
    [Let's read about wind. Spanish]
    Hace viento / por Kristin Boerger.
       p. cm. -- (¿Qué tiempo hace?)
    ISBN-13: 978-0-8368-8112-7 (lib. bdg.)
    ISBN-13: 978-0-8368-8117-2 (softcover)
    1. Winds--Juvenile literature. I. Title.
  QC931.4.B6418   2007
  551.51'8--dc22   2006034753

This edition first published in 2007 by
Weekly Reader® Early Learning Library
A Member of the WRC Media Family of Companies
330 West Olive Street, Suite 100
Milwaukee, WI 53212 USA

Copyright © 2007 by Weekly Reader® Early Learning Library

Editor: Dorothy L. Gibbs
Art direction: Tammy West
Cover design and page layout: Dave Kowalski
Photo research: Diane Laska-Swanke
Spanish translation: Tatiana Acosta and Guillermo Gutiérrez

Picture credits: Cover, title, © David Young-Wolff/PhotoEdit; pp. 4, 12 (upper right) © Myrleen Ferguson Cate/
PhotoEdit; pp. 5, 12 (lower right) © Jeff Greenberg/PhotoEdit; pp. 6, 7 Gregg Andersen; p. 8 © Tony Freeman/
PhotoEdit; pp. 9, 12 (lower left) © Lynwood M. Chace/Photo Researchers, Inc.; pp. 10, 11, 12 (upper left)
Courtesy of Joy Manners-Astley

Printed in the United States of America

1 2 3 4 5 6 7 8 9 10 10 09 08 07 06

Nota para los maestros y los padres

Aprender a leer es una de las actividades más emocio-nantes y estimulantes para los niños pequeños. Entre otras destrezas, los niños están comenzando a entender la relación entre el lenguaje oral y el escrito, y a aprender convenciones de la letra impresa como la dirección de lectura. Los libros apropiados para lectores incipientes deben incorporar muchas de estas convenciones, además de resultar atrayentes e interesantes.

Los libros de la colección *¿Qué tiempo hace?* están pensados para apoyar a los jóvenes lectores en las primeras etapas de ese aprendizaje. Los niños disfrutarán mirando las fotografías a todo color para ver y conocer distintas clases de tiempo. ¡Cada libro los invitará a leer una y otra vez!

Además de servir como maravillosos libros ilustrados en escuelas, bibliotecas y hogares, estos libros han sido especialmente concebidos para ser leídos en pequeños grupos de lectura guiada. El contexto de un grupo reducido permite que el maestro u otro adulto proporcione el andamiaje en el que se basarán los progresos del lector. ¡Estos libros les resultarán útiles, estimulantes y divertidos a niños y a adultos por igual!

— Susan Nations, M.Ed., autora/
tutora de alfabetización/consultora
de desarrollo de la lectura

El viento mueve
el papalote.

4

El viento mueve
el árbol.

El viento mueve la gorra

allí, ¡lejos de mí!

El viento mueve el velero.

El viento mueve
las semillas.

El viento mueve
las burbujas

allí, ¡lejos de mí!

Glosario

burbujas

papalote

semillas

árbol